中华武术典籍珍藏

民国武术文献选刊

第二辑 第十卷

崔虎刚 收集整理

北京体育大学出版社

责任编辑：井亚琼
责任校对：刘艺璇
版式设计：高文函

图书在版编目（CIP）数据

民国武术文献选刊．第二辑．第十卷 / 崔虎刚收集整理．-- 北京 ：北京体育大学出版社，2024.1
（中华武术典籍珍藏）
ISBN 978-7-5644-4015-2

Ⅰ．①民… Ⅱ．①崔… Ⅲ．①武术－文献－汇编－中国－民国 Ⅳ．①G852

中国国家版本馆CIP数据核字(2023)第255377号

民国武术文献选刊．第二辑．第十卷　　崔虎刚 收集整理
MINGUO WUSHU WENXIAN XUANKAN. DI-ER JI. DI-SHI JUAN

出版发行：北京体育大学出版社
地　　址：北京市海淀区农大南路 1 号院 2 号楼 2 层办公 B-212
邮　　编：100084
网　　址：http://cbs.bsu.edu.cn
发 行 部：010-62989320
邮 购 部：北京体育大学出版社读者服务部 010-62989432
印　　刷：北京雅图新世纪印刷科技有限公司
开　　本：710 mm × 1000 mm　1/16
成品尺寸：170 mm × 240 mm
印　　张：8
字　　数：83 千字
版　　次：2024 年 1 月第 1 版
印　　次：2024 年 1 月第 1 次印刷
定　　价：98.00 元

筹委会

（排名不计先后）

【河北】

王雪松 董智勇 侯晓山 张春光 智 泳 李向东 王弘武 苏建中 魏朝辉
王英臣 赵 军 段雷朋 王欢迎 孟祥国 刘明华 王文革 董法胜 卢宝库
马新华 孟令斗 李学兵 龙 威 狄松涛 牛树天 孟令聪 张永泽 孟令兴
孟令江 张思雨 高立新 陆明文 赵世君 张守安 王向东 赵永亮 曹彦场
刘 念 许 栋 卢保卫 庄国伟 孙 健 巩国平 孙 振 姜海伟 徐书长
王 宾 王永涛 赵志勇 张剑军 孟祥龙 柴海生 田卫民 王铁英 张继斌
秦晓悦 刘红强 王长军 田振伟 田 伟 闫庆洪 郎立成 张坤伟 李 波
周 弘 郗建勋 刘光芒 王福庆 张星一 董贵轩 高国辉 孟春华 陈志刚
张增海 李常琳 章建春 张 斌 李 冰 王小龙 鲍玉龙 常 军 李会锋
盖国海 张铁柱 钟俊峰 张根云 任增良 宋分成 李保辉 卜元法 刘 雷
封佳良 李立兵 郝桂英 杨志英 赵连江 张 聪 夏令虎 李正国 丁 强
李文龙 王学武 陈宇明 李金龙 张 义 牛志勋

【山西】

李旭东 刘笃义 苗树林 李乃勤 张振杰 陈贵更 姚建东 张 欣 邢晓朝
王连恒 王 兵 马德祥 薛文江 温锦铭 杨 军 郝利华 李俊杰 王守禄
董冬元 张奇林 任晓平 沈炜东 赵京生 刘叔勤 梁光平 郭玉文 李 白
王理生道长 吴志刚 阎子龙 王宏伟 王 建 李德仁 郭润泽 高玉兔
许青行 孙君荣 陈 娟 赵国华 王银辉 胡晓琴 田志丹 韦树杰 温玉恩
胡元亮 马海平 张玉全 阴建文 王日兵 郭 扬 释妙修 高全民 何 军
冉高峰 李正业 王勇义 晨 曦 田正西 马学恩 郭晋博 王建筑 高宝东

王太晨　侯庆林　朱喜何　宋宝贵　宋俊芳　吴会进　王俊香　张楗军　王德俊
胡佳锋　王雨东　李青峰　史德全　吕　卓　梁文章　李宇鹏　于庆海　吕永昌
吕传泳　李景福　乔一铭　王攀峰　石大永　姬俊峰　贾国喜　吴利生　吴利民
杨志忠　胡安辉　曹中义　胡丽娟　武　冬　王　勇　陆向春　高　静　姬　才
殷文军　王苗祥　王仲文　江俊峰　张丕锋　白玉仁　刘铁铸　秦同文

【内蒙古】

刘井春　褚海东　孙根新　宋仿琛　范健宇　武静安　刘永文　郭迎宾　王浩亮
卢爱琴　乾　坤　白景春　张国华　吕瑞亭　刘世君　周彦明

【北京】

胥荣东　康戈武　徐　杰　于昕洋　肖红艳　酒大雷　姜启超　聂志涛　刘　翊
吕鸣捷　赵安平　尚远宇　王　凯　孙汝贤　牛立新　孙国中　党雪田　高晓光
贾永安　邸国勇　乔　宁　辛　强　刘　铄　程庆余　王　桐　赵天阳　左宇彤
韩俊瑛　孙嘉浜　孙文景　白石羽　德　全　欧　阳　万周迎　徐　鹏　刘路遥
李　谷　左　健　付洪波　成金俊　黄志刚　李　戈　彭　龙　陈　轶　高雪峰
王宝山　王中行　王沥斌　贞　达　孙庆丰　薛　岩　李　迎　张　斌　洛　尘
张　磊　金　微　秦保华　杨文学　王庆年　徐　许　刘福龙　孙国柱　刘满常
于　浩　张国儒　刘万成　于　江

【天津】

崔　巍　于经元　胡向阳　刘宝林　张天龙　张金旺　丁伯立　顾海波　赵文龙
王　诜　王福勇　崔媛媛　马延凯　张聚贵　孙国善

【辽宁】

刘洪刚　任　彬　于万凯　孟　涛　黄中元　高　朋　万　勇　梁　丰　孔德林
潘大庆　王秀如　臧福源　李保刚　薛圣东　孙贵东　袁　波　张　悦　韩宝轩
蒋秀山　侯　明　乔　武　刘英伟　张国志　刘计星　李金友　高　宇　马　畅
郑维钧

【吉林】

张　河　邓宇光　李　银　丁　皓　骆立文　王君波　孟　宇　徐厚祥　佟　冰
倪　郝　赵　耀　郭其武　袁洪范　刘　君

【黑龙江】

佟亮辰　张艳阳　陈玺镔　张指辉　王　皓　宋　梁　郭宝成　陈　斌　刘立国
毕文波　杜伟国　黄忠伟　李　冰　吴　俣　曹志峰　马宏伟

【河南】

张雄鹰　种明生　郭航海　王志远　贾自愿　安呈林　朱利军　释延布　杜长坤
刘启飞　石　勇　王农川　郑营俊　常青州　张　艺　马众森　王占敏　巩建松
倪根上　陈近仁　李朝乾　李紫剑　邢红义　李佩革　刁修华　梁靖予　宋尚军
释延巽　李红林　赖庆新　陈万军　郝跟上　张　帆　恒　勇　王子淳　张亚东
孙明亮　魏淑云　赵振选　王会武　耿　军　买西山　买　威　时晓武　买　勇
买仁萍　仵　锋　马德占　王长明　张伟兵　代忠波　张　玮　段建民　孙保才
李小欣　酒同标　酒小郎　苗轩国　孙和龙　孙随成　焦立武　王建设　刘培兴
苗鸿宝　苗步超　张运生　苗田营　苗富强　杨德民　胥兆飞

【湖北】

徐　斌　张建生　李应龙　刘　杰　石　峰　田　浩　夏四鸿　梁靖予　陈玄机
瞿凤华　秦声浩　严　飞　姜学斌　郑桂桐　胡炳林　李德民　薛兴江　胡圣奎
王卫红　焦通章　徐赐兵　黄亚平　戴珂铭　张　显　刘秋龙　马国平　薛劲松
李志武　丁大益　黄胜文　唐俊虎

【湖南】

苏若鸣　陈开喜　王常秀　张常海　邹　骁　刘建湘　黎昌元　向军华　张继桂
蒋谷川　滕召军

【广西】

黄耀丹　夏　敏　唐晓艺　严翰秀　赖铭强　梁杰乔　张容嘉　廖贤阳

【广东】

于鸿坤　蒋荣杰　任官生　蒋子龙　张俊林　蒋化一　李湘山　刘　泉　沈建杰
余锐镔　张勇强　方　金　陈　执　毕荣俊　刘志坚　靳清江　马廉祯　吴广添
邵剑波　梁伟民　颜志图　吴启贤　陈　伟　王　贵　张梦阳　陈福和　廖锦泉
方应中　陆常康　杨亚国　房向南　陈健志　覃海权　徐　宏　梁柏清　赵刚生
江善祯　房　生　黄　熠　李伟光　贾华兵　王会哲　林国生　吴晓辉　吴立群
冼伟昭　梁文楷　黄仕君　曾奕涵　钟立强　陈会祟　杨柳标　王邦菊　张广辉
刘志添　刘春涛　杨春茂　詹亮清　莫华法　罗浩苑

【深圳】

郑喜平　周　华　李翰青　曹革林　苏洪海　梁　丰　贾永唐　徐百军　连　成
蒋定臻　王继勋

【海南】

梁昌泰　张　雷　李　秀　陈东升

【山东】

高鹏熙　李满利　张松仁　谭京杰　王　刚　马　斌　刘　毅　孙胜辉　周云峰
王玉金　尤明达　厉善祥　刁长俊　周庆春　孙丰玺　许　峰　王芝强　王　斌
刘维明　战文腾　宫智辉　倪德飞　孙思蒙　张　斌　郝代远　史　鼎　康汝宙
郭　宁　张长生　赵延俊　张胜利　张克田　周　游　刘　伟　安宝东　刘军农
董玉明　王景钏　贾友民　张树远　李保庆　王继国　王焱鹏　潘　章　高　承
李万温　张卫东　王宏全　王　伟　梁国爱　李海涛　李飞林　刘连洋　王国川
郑中华　张彦营　姚　磊　刘东强　白正刚　吕延波　洪卫国　张延斌　谷志强
孙晞棠　赵国忠　邓　桦　曹广超　周　琦　陈　雷　泰　祯　李安国　郭英新
徐西林　董志忠　张乐华　孙瑞全　张元海　刘龙昌　谭凯文　冯长源　杨　雷
张　涛　李其胜　梁殿品　张祥泽　朱宗启　薛士王　杜孝伟　朱永强　樊　霄
杨圆义　刘道毅　李若现　王立岩　要学良　刘圭生　郭玉刚　张　鹰　李金顺
彭维利

【江苏】

杨忠　窦小彦　许忠　江其林　兰顺林　王存果　刘季月　周晓明　卜照生
张亮　马伟　时丕昌　师厚春　徐帆　林圆龙　梁雪　王新跃　谢逸繁
李胜　解建昌　张爱成　沈枫涛　翟爱武　王吉波　张爱春　王海港　胥子连
毕明府　程明　刘通　陈军民　虞洪涛　张滇　陈灏梁　景怀义　韩运疆
宫翠峰

【浙江】

仇富军　吕亮　倪顺坚　孙吉　杨秦健　张斌　金翰　王良辰　李继红
蔡德强　戴有木　张青松　马俊成　刘柱　俞永辉　刘立存　李诚勤　张俊
高宜挺　许科军　俞佐清　顾坚　王圣华　刘小峰　杨华　陈碧如　邓显群
顿鹏辉　江澜　王一静　姚步高　江敏华　王纪杰　蒋文　陈宇阳　钱周锋
周明　蒋仲清　陈幼根　周锋　陈沛宝　赵青　凌风子　景然　周美良
潘小江　卢成昌　潘石弟　凌懿文

【福建】

王福民　蔡卫权　倪忠森　王振河　张祖永　蒋秀山　许剑云　陈向荣　孟庆贺
连国汉　林峰　俞景耀　陈恒演　涂智兴　罗建晖　林和顺　胡文辉　梁涛
林建栋　吕信明　周攀　杨晗　刘有春

【安徽】

胡春泉　曹军　钱军帅　祝安园　聂红松　江奎　魏冰　毛立欢　冯皓
欧阳兴业　马林　铁中玉　刘俊杰　王靖华　武爱东　陈晓东　徐永银
吴笛　陈军　赵飙　张宏华　王磊　吴昊　胡卫东　吴伟　谭全胜
刘法志　汪泉　乔长良　朱红军　杨纯生　卫存　卢杰　秦琥　王学东
聂刚　曹其根　曹季泉　曹加才　纪良发　曹凯　董德霖　张博

【江西】

熊庆云　钟水清　李舒霖　郭木青　王联军　唐毓堃　张功燚　李江明　屈群
刘超　应宗强　李洋洋　陈军　乐繁　代建国　钟祥明　虞法志　章新尧
林爱兵　林国生　刘炳开　童加清　李曦初　李海斌　王禹平　崔瑞郡　李广华

【上海】

林　杰　谭振勇　朱长跃　樊永平　杨雨辰　金培贤　金俊达　尹　捷　薛怡平
鞠学东　阚水源　凌先生　孙连盛　杨志承　孙经纬　王宝财　谢琦辉　刘　志
何轻舟　吴爱民　宋　旭　游　清　释永照　董家良　董纲成　陆龙祥　陈海光
梅永福

【陕西】

李　钢　张　钢　郭华东　邵　华　杨俊伟　罗　德　董安强　贺元瑞　杜群喜
杨伟峰　王晨生　杨　坚　白永东　孙　武　陈少纯　郭桂荣

【甘肃】

郝心莲　辛富国　金　宏　李宝才　温世杰　马　伟　汪子竣

【宁夏】

杨文舜　梁杰乔　吴　涛

【青海】

马宏伟　朱春明

【新疆】

赖宝珊　任　军　黄尘哲　张新民

【云南】

黎丽辉　曾　瀚　李太宏　鄢　博　赵顺军　张晨光　叶昆生

【贵州】

杨绍平　谢明宁　刘　曦　孙鲁龙　黄　檗　刘庆涛　曾昭弟

【四川】

侯　毅　古海啸　梁军民　金　亚　李　阳　周新杰　罗　斌　王伟骅　陈兴均
曹　卉　兰　唯　唐博文　郭　建　邱湘彭　罗小波　唐　昶　黄趾洲　温昌奇

【重庆】

罗　明　徐泉森　罗先雄　曹晓东　陈治军　张文欣　张宗华　周光华　黄文才
吴洪明　刘天海　袁一晋

【香港】

李健雄　Mehdi　谢永铭

【台湾】

杨正隆

【其他国家】

黄少武　王振身　陈　闯　龙勿用　胡耀武　柳寿晨　容光远　张立彪　甲斐正也
村上正洋　片桐阳　马永光

特别鸣谢

李金明　王彩鲜　李延春　庞明泉　李　翔　智晓园　于　芳　张　梅　周兰英
安　毅　王新瑞　李克宣　崔并花　杜崇开　刘　洽　张　昭　李继光　薛思问
杨春兰　李　懿　邹德发　吴世勋　高友孝　刘瑞荫　黄兴发　王云山及其姐
袁树礼　郭荣珍　耿爱梅　刘丽俊　郝富义　李补鱼　郝锦园　杨桂芳　杨洪喜
刘怀玉　钟雪友　蔡震升　伦怡馨　高　瑛　李龙城　张魁武　柳百成　张德生
李建勇　贺国安　王慧琴　冯银刚　韩太民　韩原民　曹东红　王　浩　韩常林
韩焕茹　尤素娥　赵海凤　胡玉洁　张桂兰　田喜凤　郭宝芳　魏宏斌　袁建斌
郭　宏　马润生　冯骑明　阎文辉　焦清华　王秀丽　郭　刚　韩秀英　卢冬光
张雪刚　尹贵龙　范阿宝　朱建华　巩爱平　胡建彪　何建东　郝宪伟　郝建邦
郭仁实　高澍芃　江敬斌　薄建东　郑　炜　周　宏　吕　毅　徐用生　田春林
李　明　师维勇　韩小华　尹小玲　赵学毅　刘巧莲　任建玲　赵媛凤　义瑞珍
张玉香　张秀玲　魏巧燕　王小源　海晓霞　刘庆林　赵丽华　徐　静　姚书典
殷　岩　王小根　王海英　宁晚林　胡玉亭　乔　栋　田振山　林　纲　赵大春
朱　峻　王民忠　李　刚　顾武安　李　峰　章　青　叶林忠　贾云杰　许树华
杜　箐　刀京梅　孙慧敏　姜淑霞　王占伟　王艳玲　常学刚　梁伟民　王跃平
冉宏伟　王　蓉　苑博洋　胡志华　李博伦　宋杨萍　韩　翔　田海英
恩师朱华先生、师母冀秀珍女士
父亲崔官禄、母亲王玉莲及兄弟姐妹各家人

目录

太极两仪四象八卦　下

提要

《太极两仪四象八卦》，一册，内以卷一、卷二、卷三、卷四区分，手书稿本，从笔迹上看，不像一人所写。卷一载有他序、自序各一篇，从自序中可知，该书作者为杨崑一，写于民国二十年（1931 年）。后文中也有杨崑一著的字样，并注明孙捷三图解。

该书卷一除两篇序言外，还有云溪散人所作《气功总论》一篇，后续《行气图解》《太极动功真传图解目录》和《六十四卦动功图解名目》。此后进入正文，先有《叙略》《述式》各一段，然后每页一副动作图示配以文字讲解，至“太极第十八图示”卷终。卷二篇章页后以“太极第十九图示”直承卷一，至“太极末图”，后续《两仪动功真传图解》，也有《叙略》《述式》两段，之后为“两仪第一图”，体例格式与卷一相同，再后为《四象动功真传图解》……至“四象斜推第七图”卷终。卷三承接卷二，待四象动功真传图解讲解之后，进入《八卦动功真传图解》，亦是《叙略》《述式》而后动作图解，至“震卦第八图”卷终。卷四篇章页后先有正背盘坐人体穴位图两幅，而后接卷三，为“震卦第九图”，至“兑卦第六图”卷终。

该书核心内容为太极、两仪、四象、八卦动功图解，配以少量理论性阐述。令人不解的是既分为四卷，又不与四项主要内容对应。此外，每卷均有篇章页，除书写书名、卷号外，还有“宋长贵”三字。全书多处留白，题有不同人的笔记，为便于研讨其传承，未删节。

宋長貴

太極兩儀四象八卦

卷三

九次呼吸法

观想自身全体通明，身有三个脉管，中间都是空的，中脉管上起自印堂，（即前额俗谓脑门）经脑门贯到脊背，下通会阴；右脉靠近中脉右边，上起自右鼻孔；左脉靠近中脉左边，上起自左鼻孔，都是从鼻孔经脑门过脊背内面，下通至会阴。三个脉管都在脊骨的内面，中脉管粗细如芦杆，外兰色内红色，左右两脉粗细如麦杆，右脉红色，左脉白色，如此按照以上位置、形状想象清楚后，用左无名指，掩左鼻孔，以右鼻孔吸气，由右脉管至脑门向右行经背，抵会阴处。然后将右脉管吸满的气，过入左脉管内，徐徐上升，经背向脑门，由左鼻孔徐徐呼出，呼气时放开掩鼻左指、如是做三次。再照上法用右无名指、掩右鼻孔、以左鼻孔吸气、最后放开掩鼻的右指、使气徐徐由右鼻孔呼出、也照样做三次。再用两鼻孔同时吸气、吸气后、左右两无名指同时掩住左右两鼻孔、从左右鼻孔吸进的气、分别循左右两脉管至脑门向后行经背、抵会阴处、左右两脉管的气会合一起、贯入中脉管内、徐徐上升、由背向脑门、由左右两鼻孔将气呼出、呼气时先放开掩鼻的左右两无名指、如此做三次、上法练習(纯)熟后、可不用掩鼻、也(能)这样做

煉氣吐納。煉氣吐納即是运用呼吸。一吐一納。呼氣吐氣。以鍛煉臟腑的內动方法。这种方法分为。順呼吸。和、逆呼吸。兩种。照平常呼吸習慣。一吸小肚皮鼓起。一呼癟进去。这叫做順呼吸。与此相反的。一呼小肚皮鼓起。一吸癟进去。名叫逆呼吸。

周天搬运的煉氣方法。其呼吸的运用。完全采用。鼻呼鼻吸的方式。初学的人。以采用順呼吸为最方便而又合理。一直煉到火候深了。再进步采用逆呼吸。才容易掌握。

第十八式同兩儀第十七圖十八說明

第二十式仝上十七圖二十說明

第二十二式圖說均與兩儀第二十二同

第二十四式仝上仝上第二十四同

第二十六式仝上仝上第二十六同

第二十八式仝上仝上第二十八同

第十九式同兩儀第十七圖十九說明

第二十一式仝上十七圖二十一說明

第二十三式圖說均與兩儀第二十三同

第二十五式圖說均與兩儀第二十五同

第二十七式仝上仝上第二十七同

第八式同兩儀第七圖八說明

第十式仝上七圖十說明

第十二式圖及說明均與兩儀十二式同

第十四式仝上十四式同

第九式同兩儀第七圖九說明

第十一式仝上七圖十一說明

第十三式圖及說明均與兩儀第十三式同、

第十五式仝上十五式同、

四象斜推第十六圖

說明

此式圖及說明及一切運用手法均与兩儀十六式同惟拍掌須向左前斜方為合、

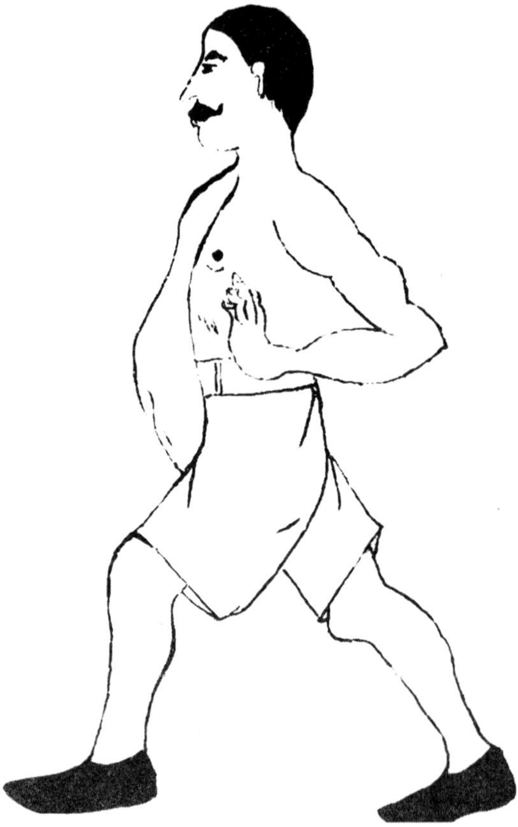

四相斜推第十七圖

說明

此式先將左掌向前左斜方推出其餘一切蓄氣運轉之手法均依兩儀第十七式之講解練習即可其下由十八式至廿八式均與兩儀同一講解從略均未繪圖立說、

第十八式同两仪第十七番十八说明

第二十式仝上十七番二十说明

第二十二式畨及说明均与两仪第二十二式同

第二十四式仝上　二十四式同

第二十六式仝上　二十六式同

第二十八式仝　二十八式同

第十九式同两仪第十七番十九說明

第二十一式仝上十七番二十一說明

第二十三式畨及説明均与两仪第二十三式同

第二十五式仝上　一十五式同

第二十七式仝上　二十七式同

四象橫推第六圖

第三節　四象動功橫推式

第一至第五式均與兩儀第一至第五式圖及說明皆相同

四象橫推第七圖

說明

此式將右手向右方橫推右掌與右足成四十五度之直角形其餘一切運使呼吸均與兩儀第七式同一講解其下由八式至十左式其解說均與兩儀各式同

第八式同兩儀第七圖八說明

第十式仝上七圖十說明

第十二式圖及說明均与兩儀第十二式同

第十四式仝第十四式同

第九式同兩儀第七圖九說明

第十一式仝上七圖十一說明

第十三式圖及說明均与兩儀第十三式同

第十五式仝上第十五式同、

四象橫推第十六圖

說明

此式一切式法均與兩儀十六式同、惟推掌須向正左方為合宜

四象橫推第十七圖

說明

此式將左掌向左方橫推、使左掌與身形成四十五度之直角其餘一切圖解、均從兩儀第十七式之說明、

第十八式同兩儀第十七圖十八說明

第二十式仝上十七圖二十說明

第二十二式圖及說明均與兩儀第二十二式

第二十四式仝二十四式同上

第二十六式仝二十六式同上

第二十八式仝二十八式同上

第十九式同兩儀第十七圖十九說明

第二十一式仝上十七圖二十一說明

第二十三式圖及說明均與兩儀第二十三式同

第二十五式仝二十五式同上

第二十七式仝二十七式同上

四象逆推第六圖

第四節　四象動功逆推式

第一至第五式均與兩儀第一至第五式圖說均同

四象逆推第七圖

說明

此式係將右掌由右向左推進、右掌徐々推至左肩際、為合宜、其餘一切蓄氣運轉均按兩儀第七式之習練、以下由八式至十五式均與兩儀各式動作相同、

第八式同兩儀第七畫八說明

第十式仝上七畫十說明

第十二式畫及說明均同兩儀第十二式

第十四式仝上十四式

第九式同兩儀第七畫九說明

第十一式仝上七畫十一說明

第十三式畫及說明均与兩儀第十三式同

第十五式仝上十五式

四象送推第十六圖

說明

此式一切練法均與兩儀十六式同

四象逆推第十七圖

說明

此式係將大左掌由左向右徐々推逆左掌推至右肩際為度其餘一切運轉均照兩儀第十七式之解說習練以下由十八至二十八式因与兩儀各式相故亦易立圖說耳

第十八式同兩儀第十七圖十八說明

第二十式仝上十七圖二十說明

第二十二式圖及說明均与兩儀第二十二式同

第二十四式仝上二十四式

第二十六式仝上二十六式

第二十八式仝上二十八式

第十九式同兩儀第十七圖十九說明

第二十一式仝上十七圖二十一說明

第二十三式圖及說明均与兩儀第二十三式同

第二十五式仝上二十五式

第二十七式仝上二十七式

八卦動功真傳圖解

敘畧

太極兩儀四象八卦合之則為　體分之則各為一法易曰天地定位山澤通氣風雷相薄水火不相射言此八者合為天地間一物分則亦各為天地間一物人之身上氣化亦如之故以八卦所屬衡以臟腑形體乾為天頭與肺亦各為　天坤為地足與脾亦各為地艮為山背與胃亦

各為山兑為澤口與膀胱亦各為澤巽為風毛髮
與肝亦各為風震為雷喉與胆亦各為雷離為火目與心
及胞絡亦各為火坎為水陰囊與腎亦各為水所以八卦
拳法層乎週身無處不練而形神氣體內外符一然無不
根夫太極兩儀而出入進退之也至於四折翻轉同剛用
柔悉本節穴氣候較之太極兩儀實有多無少用斯功者

其加意焉、試觀其式如下、

述式

始末圖共八十式大致均與太極兩儀不甚相遠、惟八卦每卦六爻、無論手法煩簡除起止以外而正式要歸六動又其每卦練法、悉本卦旨、是以每一卦首皆先標註意旨、然後繪圖作式、層次井井、解說亦極詳明、易於按圖操演

不至有悞先觀第一圖

乾為天

乾屬純陽之體兩乾相重陽剛健行其氣上升其拳主遇一身之陽氣常使健舉不息久則氣體强足不為陰邪所乘此乾天卦拳之專益而人不可不早練習者也式如下

☰

乾卦

乾卦第一圖

說明

身體正立、不偏不倚、平心靜氣行所自然、兩肩下垂、兩手平托、虛領頂勁以待運動、

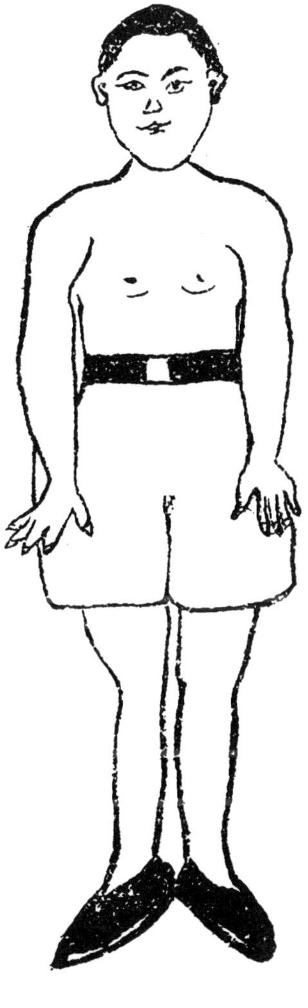

乾卦第二圖

說明

預備者預備練習之初式也、先將左足向前步移兩手握拳身向後却同時兩拳提至小腹、左右手背向上、虎口向內（此為陰拳）眼向左看、須要精神貫注、神氣外發、氣存丹田以靜待動、

乾卦第三圖

說明

三式接二式之動作、先將右拳提至右乳上將拳向外翻轉、抽至右肋下、手背向下、變為陽拳（同時以意引氣由氣海轉至右拳）再將左拳提起如右拳之翻轉、由面門繞過、手背向外、左肘向下、同時將左腿抬起向前一步、成肘與膝合之式、同時再將右拳右肩及左拳左肩、向前後伸縮、使右拳向左足右肘向左膝、各相合為度、左拳抽至左肋下為度、翻轉時務使兩肩揉開遍體靈活、神縮時務使氣貫中膲、神注頂、兩足蹈實指抓地、右屬陽、故右拳發係關、右邊命門之火、

乾卦第四圖

說明

四式接三式之運動作先將左右兩拳向內翻轉變為豎拳用力向後抽同時將右腿向後灣屈左腿繃直向後坐勁全身重點墜左右腿上此為柔勁同時以意引氣由丹田轉入尾閭大迎向後坐時務要身體中直挺胸疊肚使氣內斂入骨用頂勁振奮精神

乾卦第五圖

說明

五式接四式之動作先將右拳收至左肋與左拳成一平行、變為抱拳式手背向上、虎口对脐(即陰拳)同時右腿稍起、右肘尖微向前提神氣外發眼順右肩、前看右肘與左足成一垂直使氣貫中膲神注頂將頭提起目傳神此乾卦右面之運動、

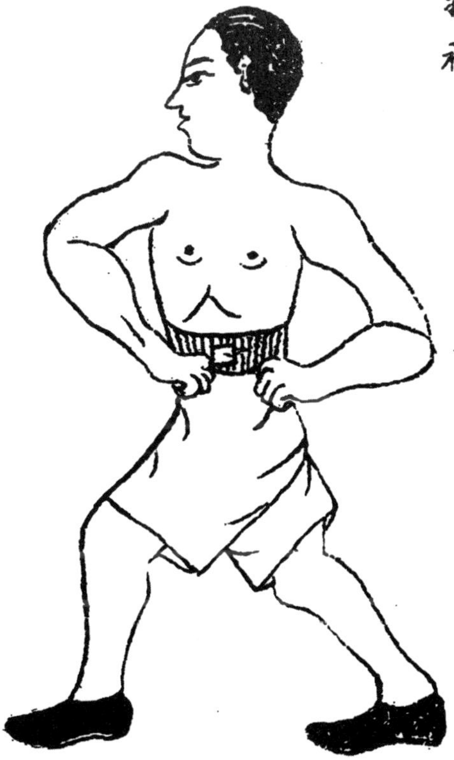

乾卦第六圖

說明

六式接五式之動作先將左拳翻轉、由左乳上繞過仍由至左肋變為陽拳（同時出意引氣由氣海轉入左拳）再將右拳如左拳之翻轉由面门繞過手背向外左肘向下、同時將右腿措起向前一步成右肘與右膝相合之式右足落地時、即將左拳左肩向前進攻此為剛勁右拳右肩向後退縮變為左手向右足左肘與右膝相合之式、右拳縮至右肋為止伸縮時務使氣貫中膲神注頂兩足踏實、指抓地左手發動係由左臂之水擊發而出、

乾卦第七圖

說明

七式接六式之動作先將左右兩拳、向內翻轉、變為豎拳用力向後抽縮同時左腿向後灣屈右腿崩直、向後卻式

全身重点落在左腿上、尾閭中正 神注頂提胸疊肚氣下行、同時以意引氣由丹田轉入尾閭收斂此為柔式

乾卦第八圖

八式接七式之動作將左拳收至右肋與右拳平行成抱一拳式手背向上虎口对内変為陰拳同時左腿稍起左肘尖略向前提、神氣外發眼順左肩、前肩左肘與右足成一垂直仍使氣貫中膲神注頂將頭揚起目傳神、此乾卦左面之運動已畢如再接續操練可照前五圖、由右面轉入左面之動作、依次推練不拘次數如不願練時即按以下兩圖之收式收結可也

乾卦第九圖

九式接八式之運動將左足跟齊右足、兩腿提起同時兩拳向左右分開、由下向上翻轉、繞至下腭將兩拳並齊用力向下插入髖際使氣、送入丹田、由動轉靜

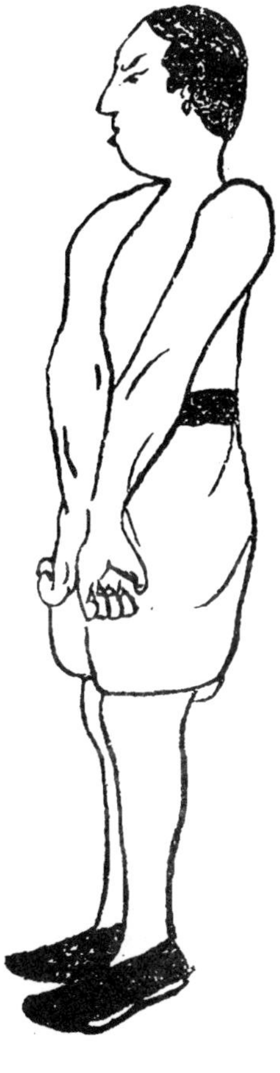

乾卦第十圖

說明

十式接九式之動作先將兩拳翻轉手心向上向左右分、開徐々上提至兩軟肋隨將濁氣提上）然後將兩拳翻轉變為兩掌手心向下微々下壓（同時徐々將濁氣呼出）兩掌向左右揉動將氣散開以免凝滯之弊、

坤卦第一圖

坤為地

☷

坤卦

坤屬純陰之體兩坤相重陰柔順布其氣下降其拳主蓄養一身之陰氣使之凝重不遷久則骨氣堅實陽邪不得來擾此坤地卦拳之專益而人不可不早練習者也圖式如下

說明

此式與乾卦第一式同

坤卦第二圖

說明

此式與乾卦第二式致相同、除兩拳手心向上背向下、虎口向外此為陽拳餘者相同

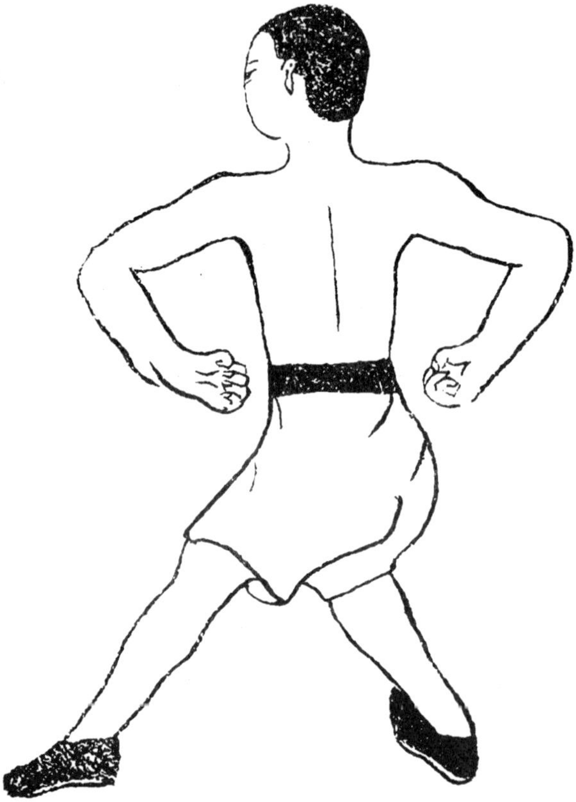

坤卦第三圖

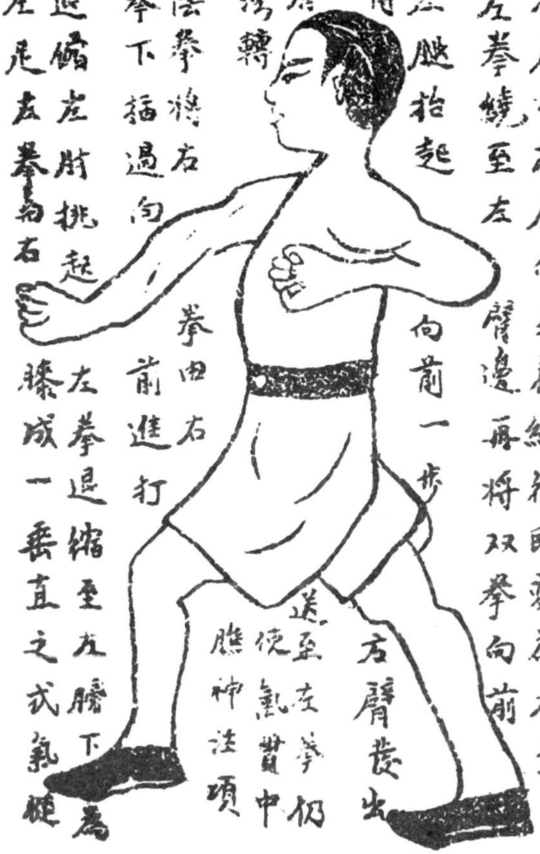

說明

三式接二式之動作先將兩拳向右方轉動左手至右肋不即往上翻轉左拳虎口向左右拳虎口向右成小指相对由胸前繞至左肩由左肩向身後繞行即變為左手左下右手在上左拳繞至左臂邊再將双拳向前身轉回同時將左腿抬起向前一步双拳繞回後再將右臂發出左膀轉豎起右肩送至左拳仍上抬右肘向下湧轉使氣貫中膝神注項手背向上变為陰拳將右拳由右耳邊掠過至左拳下插過向前進打左拳同時向後退縮左肘挑起左拳退縮至左膀下為止即成右拳向左足左拳向右膝成一垂直之式氣鏈

坤卦第四圖

說明

四式接三式之動作先將左右兩拳曲內向外翻轉手背向下變為陽拳同柔力向懷內抽回左拳抽至右肋為止同時右腿向後彎屈全身重点坐在右腿上左腿崩直身向後却尾閭中正不偏不倚挺胸疊肚使氣由丹田轉入尾閭收斂

坤卦第五圖

說明

五式接四式之動作先將右拳收至左肋與左拳平式成一抱拳式手背向下虎口向外(即陽拳)右腿少起右肋尖微向前挺神氣外發、眼順右肩前看右肘與左足成一垂直、仍使氣貫中瞧神注頂時頭揚起目傳神此坤卦右面之運動也、

坤卦第六圖

說明

六式接五式之動作先將兩拳由左向上翻轉兩虎向外右拳在前左拳在後由右肩膀向後变轉右拳轉至右肋邊再將双拳轉回、左拳由右肋下、至右肩繞兩門經過右拳隨同跟下同時將右腿抬起向前一步双拳繞回後再將左胳膊竪起左肩上稍左肘向下湾轉手背向上变為陰拳將左拳由左耳邊經過至右拳下插過向前進打右拳同時向後退縮右肘挑起、右拳收至右膝胯下為止即成為左拳與右足右拳向左膝成一畫直式、使氣貫中膲神注頂、進打時、氣由右臂發出由上向下壓之式

坤卦第七圖

說明

七式接六式之動作、先將兩拳由內向外翻轉手背向下變為陽拳、用柔力向懷內抽回、右拳抽至右肋為止、同時左腿向後彎屈全身重點坐在左腿上、右腿崩直身向後卻務使腰身中正、不偏不倚提胸疊肚使氣由丹田轉入尾閭收斂

坤卦第八圖

說明

八式接七式之動作、先將左拳收至右肋與左拳平行成一抱拳式手背向下、虎口向外、即陽拳同時左腿翻起左肘尖微向前挺眼順左肩前看神氣外蓌左肘向右足成一垂直、仍使氣貫中膲神注項將頭揚起目傳神此坤卦左面之運動已畢如願繼續練習可依照前四圖以下之次序依次推練、不拘遍數如願收束即按以下兩圖將腿並齊以便收式

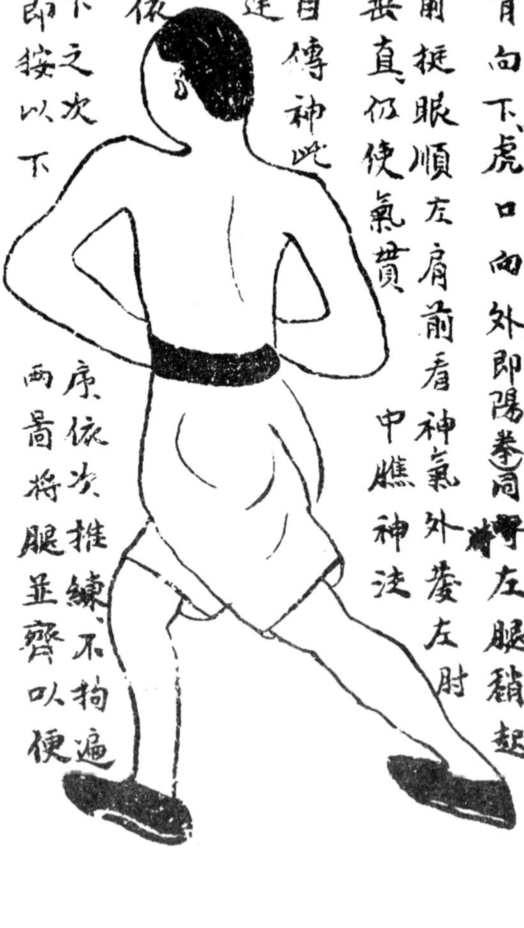

坤卦第九圖

說明

此式與乾卦第九式同

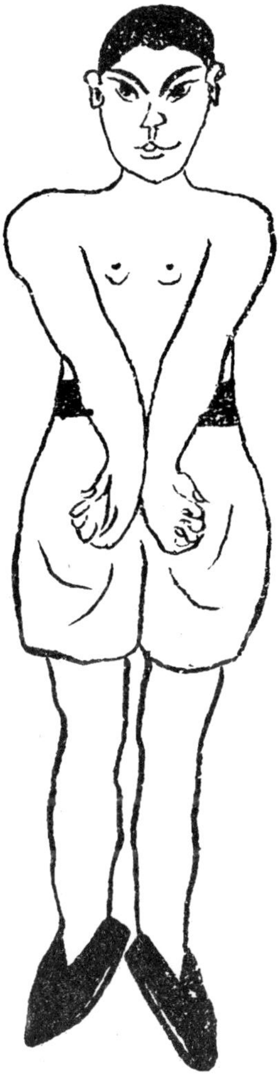

坤卦第十圖

說明

此式与乾卦第十式同、

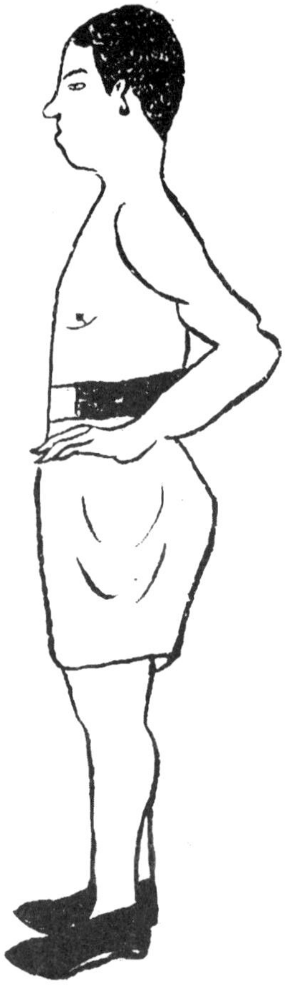

震卦第一圖

震為雷

䷲

震屬一陽初動、兩震相重、陽自陰出、其氣勃發、其拳主扶陽退陰、善養吾身、微陽、使之必達、則陽施陰化、生氣日遂、自無抑鬱不暢之虞、此震雷卦拳之專益、而人不可不早練習者也、式如下、

震卦

說明

此式與乾卦、第一式同、

震卦第二圖

說明

預備者、預備初練習之式也、先將左足稍向前移、右腿稍向後曲、左腿稍卻、身體坐正、不偏不倚、眼向前看、胸脯朝前、同時双拳齊握、左拳在胸前、用陰拳右拳在肋下用豎拳務使精神振起、氣存丹田以待發動、

震卦第三圖

說明

三式接二式之動作先將双拳向左方變轉右拳豎起用續力領取來勢力發右胳膊左拳轉至胸前双拳由左方轉至後方將双拳合並即行回繞一同向右方轉動用操勁操取來勢力發兩腕向拳向後操眼仍前看同時將左腿提起前進右腿灣屈全身重点落在右腿上身向後却身形換轉拳至襠際即將双拳變掌隨即左足前進右足後隨双掌打出左掌在上手心一向外指向右為橫掌右掌為豎掌手指向上轉動時務要灵活使氣格隨式運轉全身便利從心所欲

震卦第四圖

說明

四式接三式之動作先将兩掌变為兩拳用腕力翻轉变為陽拳同時兩肘用挹力向後膉担兩肘夾緊々靠兩肋右腿灣屈身微後部使氣由丹田轉入尾閭少蓄隨即將右腿從起左腿前進一步右從後跟同時前進、双拳同時[illegible]時向前進打、手心向上為陽拳使氣由丹田發出單入兩拳

震卦第五圖

說明

五式係四式之動作、先將氣搭揉轉双拳由外向內轉、使氣在上臁揉轉一過胸膊向前稍挺即向後、却身、右腿向後灣屈左腿却回同時將兩拳翻轉、右腿拳变為陰拳收至胸前為横拳左拳变為竪拳收至左肋為順拳眼向前看使氣由丹田轉入尾閭、

震卦第六圖

說明

六式接五式之動作先將兩拳由左方向右方翻轉右拳豎起用領力領取來勢力發左腕(用柔勁)以柔克剛由右方繞至後方即將兩拳轉回向左轉動同時將右足指起前進一步身軀左轉拳由面門繞過兩拳合並發兩腕(用柔勁)拳向後擰眼神順勢右肩前看以注來敵用力下按兩拳按至臍際變拳為掌隨即仍將右足少指前進左足後跟一同前進雙掌齊發右掌在上手指左指手心向外為橫掌左掌在下手指上指手心向外為豎掌轉動時務須身軀靈活使氣格隨式運轉便利從心所願

震卦第七圖

說明

七式接六式之動作先將兩掌用腕力翻轉變爲陽拳兩肘用担力向後猛担、兩肘靠緊兩肋左腿灣曲、身微後却、使氣由丹田轉入尾閭少蓄即將左腿提起右足前進、左足後跟兩拳同時用剛勁向前攻打、使氣由丹田發出、由兩腕轉入兩拳即成此式

震卦第八圖

說明

八式接七式之勁作先將氣格揉轉使氣由上往下翻轉揉一過、胸脯向前稍提、即向後却步左腿灣曲右腿却回同時將兩拳翻轉左拳变為陰拳收至胸前、為橫、拳右拳变為豎拳收至右腋為順式眼向前看使氣由丹田收回尾閭、

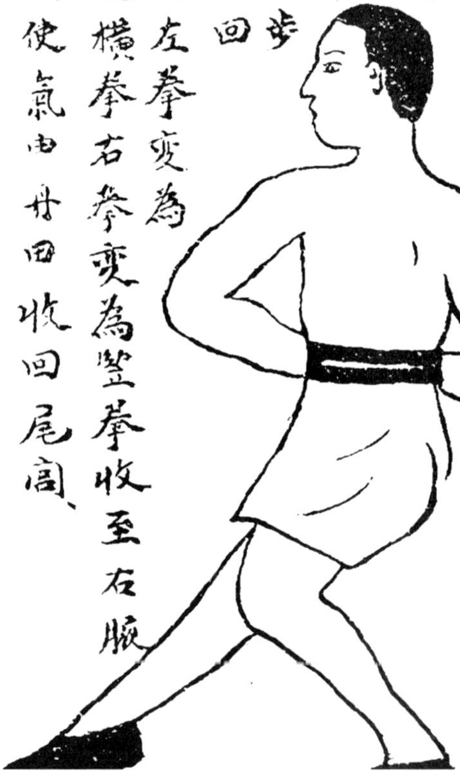

太極兩儀四象八卦 卷四

宋長貴

跏趺而坐須有虛靈頂頸危閭中正兩目垂簾兩手握固抱拳收視反聽迴光反照謹塞五賊恐被盜馳。謹於眼則目不外視而魂歸肝。謹於耳則耳不外聽而精歸腎。謹於口則光合不談而神歸心。謹於鼻則鼻不外嗅而魄歸肺。謹於意則用志不分而意歸脾。精神魂魄意。心肝脾肺腎。金木水火土。耳目口鼻意。攢簇各歸其根。各復其命。則天心自見。神明自來此有特別感覺發現。而自與凡人不同矣。柳華陽注云風火火者。神也。風者。先天之呼吸也。何以能煉神化氣。以水火相交意而后發出蒸汽。精者。水也。若用神火下照則精自化炁而氣矣

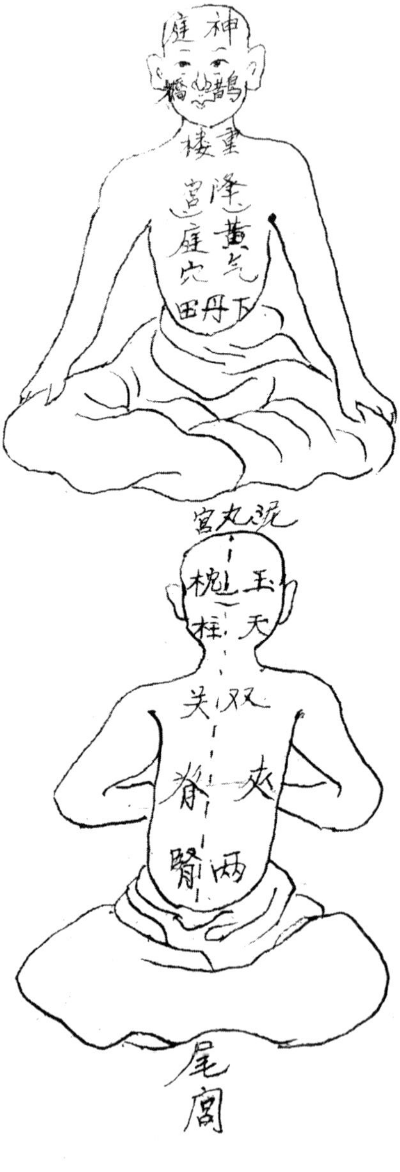
神庭
鹊桥
重楼
降宫
黄庭
气穴
下丹田
泥丸宫
玉枕
天柱
双关
夹脊
两肾
尾闾

要得真法在用心

1 心与鼻合多一力　2 心与耳合多一灵

3 心与眼合多一明　4 心与舌合多一精

5 心与口合多一吻　6 心与眉合多一神

7 心与意合多一艺　8 心与气合多一功

六字歌诀法、这是一种祛病延年法、又名踵吸法、是采用吐纳法中的呼吸方法按阴阳五行六字歌诀 分别心、肝、脾、肺、肾、五脏与三焦及所属经络之不同病症、运用呵、嘘、呼、呬、吹、嘻六字、以不同呼吸方法进行补泻、以防治疾病、故又称为吐纳补泻法。这种方法从古相传，具体是：

心属火 用呵气为泻、用吸气为补

肝属木 用嘘气为泻、用吸气为补

脾属土 用呼气为泻、用吸气为补

肺属金 用呬气为泻、用吸气为补

肾属水 用吹气为泻、用吸气为补

泻者不过六 补者不过九 补者以换气时所用的字而区别

震卦第九圖

說明

此式與乾卦第九式同、

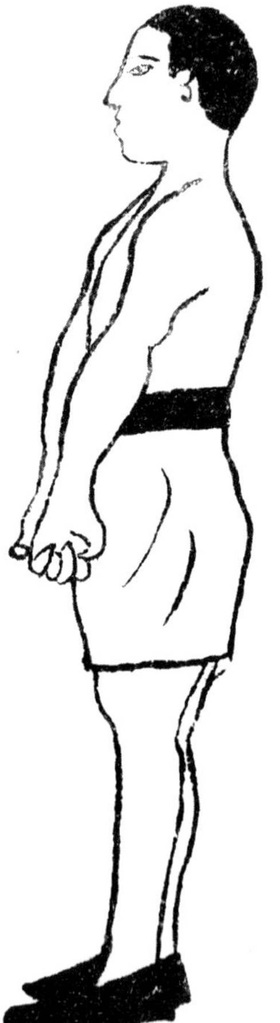

震卦第十圖

說明

此式与乾卦第十式同、

巽卦第一圖

巽為風

巽卦 ☴

巽屬一陰初動、兩巽相重、陰挾陽起、其氣動盪、其拳主導陰就陽、善養微陰、使之有助、久則陰陽双暢、生机蓬越、更無氣血偏枯之病患、此巽風卦之專益、而人不可不早練習者也、式如下、

說明

此式與乾卦第一式同

巽卦第二圖

說明

二式接一式、之動作先將左足向前稍移右腿微屈身向後微却兩手握拳提至小腹左右手背向下、為陽拳精神振起眼向前看氣內丹田以靜候動、

巽卦第三圖

說明

三式接二式之運動、先將左拳高抬由面门繞過向左翻打、右拳亦同時向後翻轉、跟同左拳向右壓打、勢如車輪之轉動、同時將左腿抬起向前一步左腿下曲、右腿亦同時前屈、如單跪狀、右肘垂在左膝上、左拳收至左肋下、手心向上手背向下、变為陽拳、以意引氣由上往下、壓入丹田、

巽卦第四圖

說明

四式接三式之動作、先將兩拳由外向內翻轉、使陽拳變為陰拳、左腿挺起、右腿向後灣屈左腿向後卻、兩肘靠緊兩肋、右拳在前左拳在後全身重点均落在右腿上使氣後歛、氣力聚至兩腋向耳將左足向前一步、右腿挺起右足跟同前進兩拳同時進攻使氣力由兩腋發出轉至兩拳上、此式柔中有剛、先柔後剛、

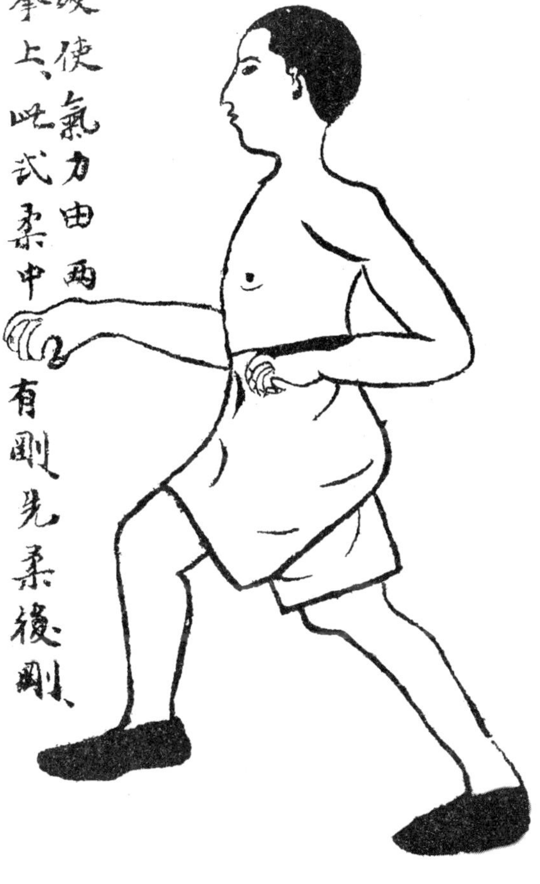

巽卦第五圖

說明

五式接四式之動作、先將兩拳由下向上翻轉將陰拳変為陽拳、同時以意引氣在中脘以下往上翻轉使氣隨兩拳之運轉在腹內揉轉一過、隨將右腿向後灣、座、身向後坐右腿卻回右膝緊靠左腿灣、全身重点落在右腿上、左拳收至左胸為順式、右拳收至胸前為横式、使氣隨変轉之時由丹田斂入尾閭以為柔式、

巽卦第六圖

說明

六式接五式之動作、先將右拳由左肩繞面門向前輪打同時右腿抬起前進一步腿之起落與拳之起落同時發動、俟右肘與右膝上下相照時左拳向左方輪打俟右足落地左拳亦落下使左肘與右膝成肘與膝合之式右腿向前灣屈、左腿亦隨同下屈、如單跪狀左拳在右膝上端、右拳收至右肋下眼向前看、氣壓丹田勁貫左膊

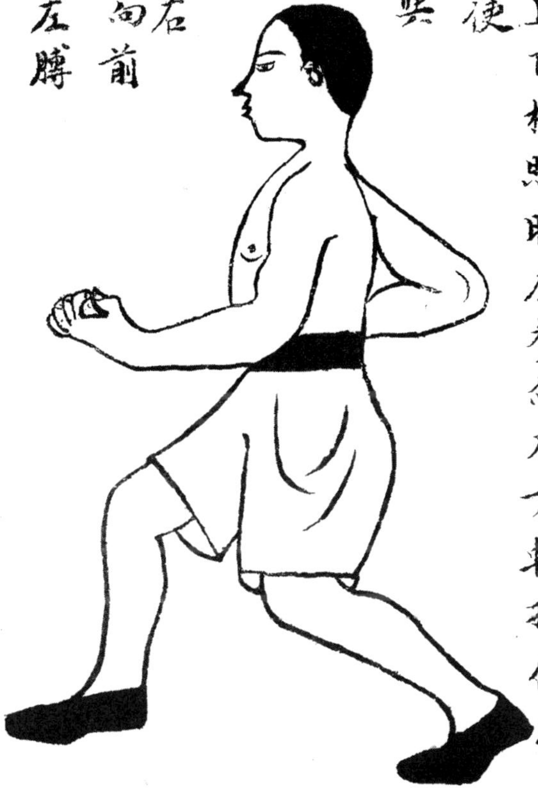

巽卦第七圖

說明

七式接六式之動作、先將兩拳由外向內翻轉、陽拳变為陰拳同時身向後却左腿彎屈、右腿却回全身重点落左左足氣由丹田收斂尾閭少停、挺胸吸肚、蓄養氣力以待發展隨即將左腿挺起、右足前進、左足後跟、兩拳同時進擊兩肘靠緊兩肋、氣由兩肋發出、(發勁時以上壓下、轉入兩拳此係由柔轉剛之式

巽卦第八圖

說明

八式接七式之動作先將兩拳由下向上翻轉陰拳变為陽拳同時引氣隨兩拳之翻轉在腹內揉轉一過再將左腿灣屈、右腿後却身向後坐使氣由丹田斂入尾閭左拳收至胸前為橫式右拳收至右肋為順式眼向前看全身重点注在左足上、挺胸吸肚腰身中直

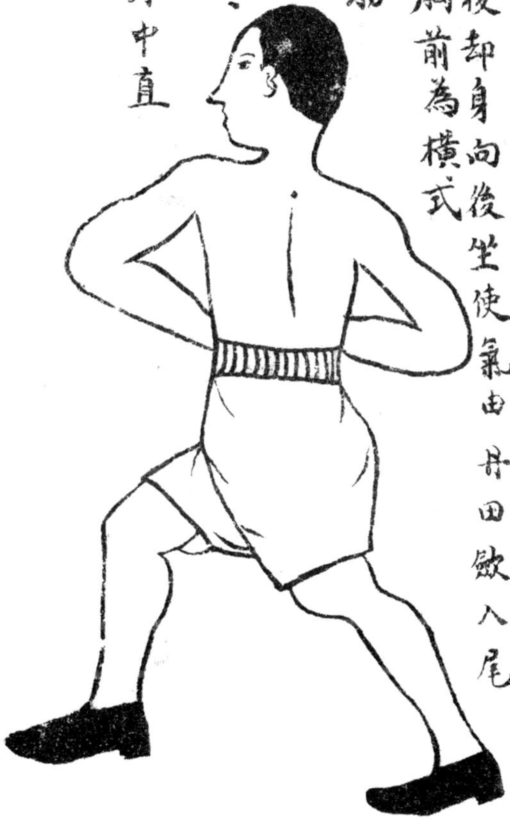

巽卦第九圖

說明

此式與乾卦第九式同

巽卦第十圖

說明

此式与乾卦第十式同、

坎卦第一圖

坎為水

☵☵

坎屬陰中之陽兩坎相重、陰象陽體其氣屈曲其要主培本益元、保時天乙、久則使精血充溢流動、滋坎卦潤一身無微不到、此坎水卦拳之專益而人不可不早練習者也式如下

說明

此式與乾卦第一式同、

坎卦第二圖

說明

二式接一式之動作先將左足向前少移右腿少卻兩

掌提至臍腹、左右手心向內、手指向下 兩手使腹精神

起、氣運丹田眼向前看、

靜中待動之式、

坎卦第三圖

說明

三式接二式之動作先將左掌上提至左乳再向下插至臍際將右掌提至右乳上兩手掌上下搽搓一過使氣格隨同兩手上下之搽搓在腹內動轉一過即將氣格上提運入右肩渦將右手掌向後甩開將左手提高過頂門隨將身形變轉擰腰將右掌由下面搽過前方（海底撈月）手心向上平托左手同時由頂門繞過後方亦手心向上平托兩胳膊伸展身軀挺起氣運指尖盡力前伸同時左腿向前微屈右腿亦向上微屈身形向挺動

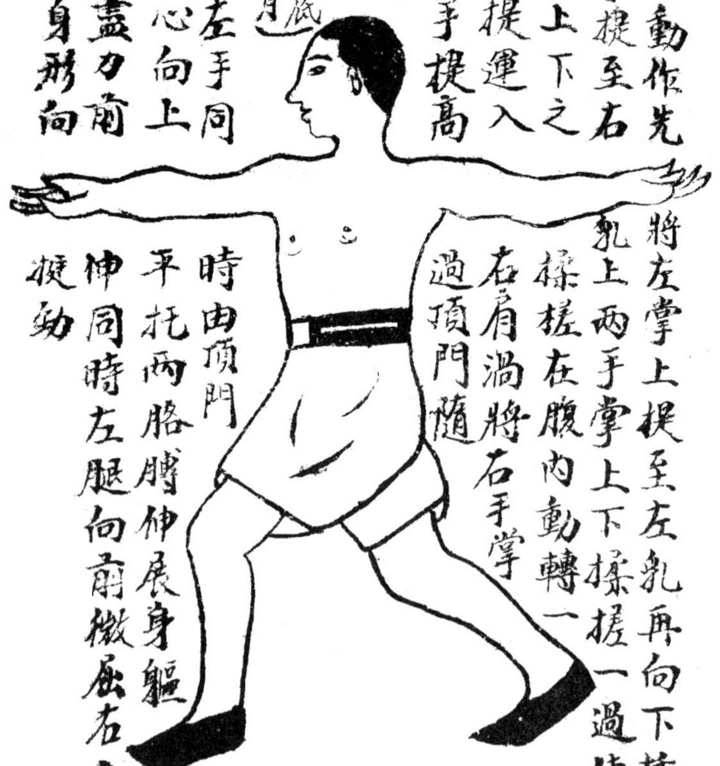

坎卦第四圖

說明

四式接三式之動作、先將兩掌向前後伸縮、使氣格在內
裡變轉一過陽掌變為陰掌再將兩掌由下向懷內摟、
摟時手心向上、手指對內、盡力內摟至適宜處再將
兩手猛向外甩仍變為陽掌同時右腿向後灣壓身
向後却左腿却回全身重点落在右足使
氣由上往下壓入丹
田送斂尾閭少蓄
此時手心上忝手指
下降然後再將右腿提起左足尖点地
同力上提全身重点仍在右腿兩肘夾緊
兩肋身向上挺勁十指內屈小指根向上撐勁手心
向上微向外扭使氣提上膲、

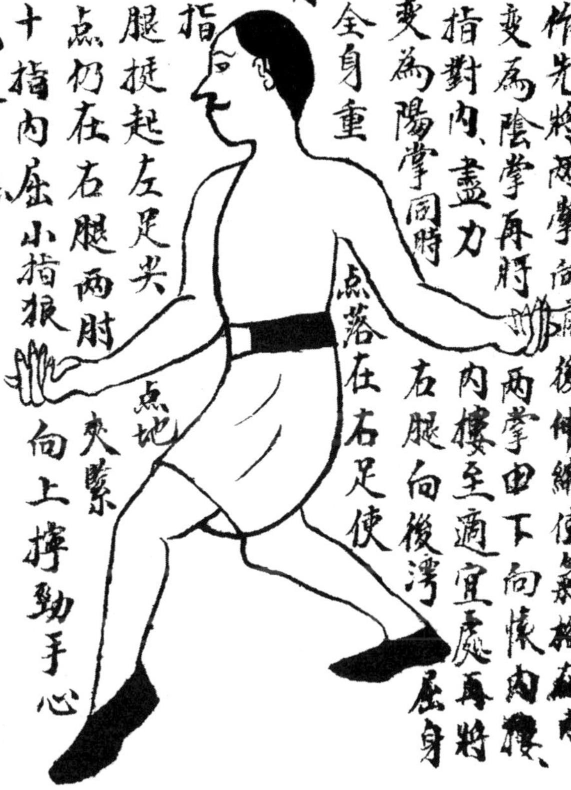

坎卦第五圖

說明

五式摟四式之動作、先用左足尖点動、用力一点兩手掌同時向前運送氣向前一摟、適即兩掌撤回兩肘抬起兩掌收至兩腋兩肘肘上翻、兩掌由兩肩際插下、手背向外（式如貓捕鼠）同時右腿灣處身向後坐左腿崩直、兩掌插至兩腿根上、同時引氣收入尾閭少蓄此為柔式」然後再將左足抽至右足前、使左足尖点地、變成丁字脚式同時兩掌上提兩肘上抬、兩掌提至兩肩鴻閭兩虎口對內手指外指手心向外腰身中直（式如猿出洞之勢）身軀下坐全身重点、仍落在右足上氣提上膝即為此式

坎卦第六圖

說明

六式接五式之動作先將左掌下插至襠臍使左氣下降再將右拳下插、左掌同時上提使右氣下降左氣上升將即將左掌由頭頂上繞過向後甩出、再由下而由後往前操行（腦底精式）同時右掌提起亦由頭頂繞過向後甩出、變成左掌在前右掌在後兩胳膊伸直兩手心向上平托同時右腿抬起向前一步右腿前屈左足向上挺動、即成此式

坎卦第七圖

七式接六式之動作、先將兩掌向
轉兩掌之上陽掌變爲陰掌、氣
下往懐內摟手指向內、手心向上
掌向外翻甩同時左腿湾屈、右
点注在左足上、使氣由丹
田歙入尾閭少蓄
即將左腿挺起、右
足尖点地同力上
提兩肘夾緊兩肋、十指內屈手心
向上微向外擰、小指向內擰勁、作
氣格由丹田提至上膻

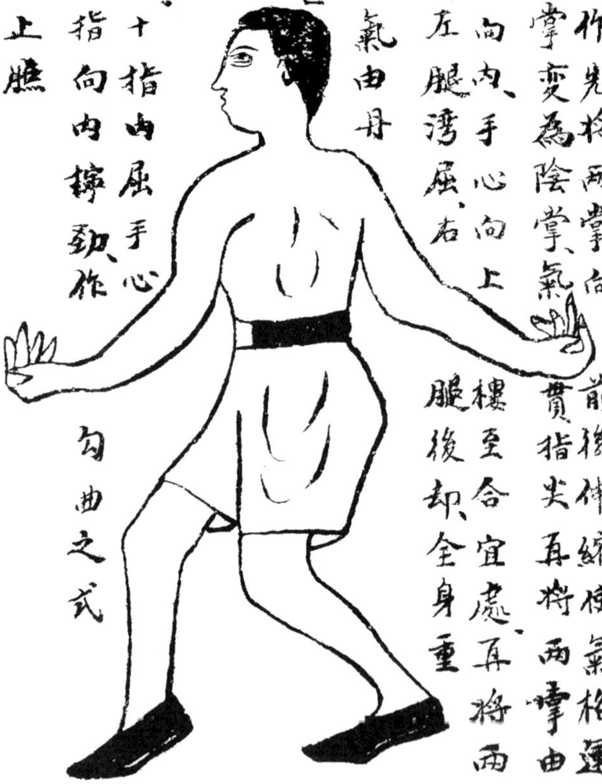

前後伸縮使氣格運
貫指尖再將兩掌由
摟至合宜處、再將兩
腿後却、全身重

勾曲之式

坎卦第八圖

說明

八式接七式之動作、先將右足尖用点勁点地、兩臂向前揉動兩掌亦隨同前送平心向上身形轉正隨即再將兩手抽回抽至兩肩下手心向上手指向前再將兩肘稍趁兩掌翻轉由兩耳根後、插過前撲左腿向後彎屈右腿後却、全身重点仍落在左腿上、（式如貓撲鼠）氣歛尾閭少蓄再將兩肘上抬兩掌上提、至兩耳根向手心向外小指靠耳右腿收回成為丁字脚式左腿坐實全身重点仍落在右腿上（勢如猿縱虫洞）使氣由尾閭上提至中膻、

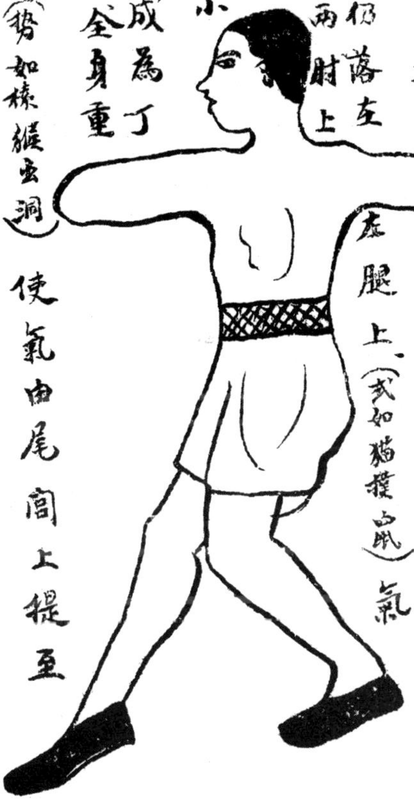

坎卦第九圖

說明

此式與乾卦第九式同

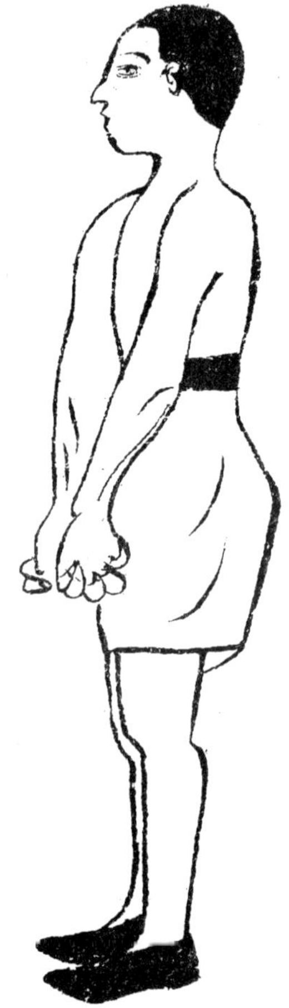

坎卦第十圖

說明

此式與乾卦第十式同

離卦第一圖

離為火

☲ 離屬陽中之陰兩離兩重陽象陰體其氣烜赫其拳主採日採月補益元陽又則神氣充足光彩外徹絶無痿體之病以貽後患與離火卦拳之專益而人不可不早練習者也圖式如下

離卦

說明

此式與乾卦第一式同

離卦第二圖

說明

二式接一式之動作先將左足向前稍移眼順左肩前看兩手握拳提至小腹左右手背向上虎口對內為陰拳須要精神貫注氣存丹田以靜待動

離卦第三圖

說明

三式接二式之動作、先將右肩向前運轉、右拳由胸前向上高抬虎口對內由胸前上提至面门經過用力向前翻打拳心向上、手背向下隨即向後運轉左肩亦隨同向前運轉、左拳亦如右拳之轉動、向前翻打同時將左足抬起、向前一步腿向下灣、右腿亦隨同灣屈、同時右拳由耳後向前壓打運用剛勁下壓兩虎口對內、此時將右肩右拳轉至前方、左肩左拳繞至後方兩肘抬起兩拳下按還轉時須要兩肩鬆開、身體靈活使氣運週身先將氣由丹田提出、隨式翻轉、然後再由上壓送丹田、

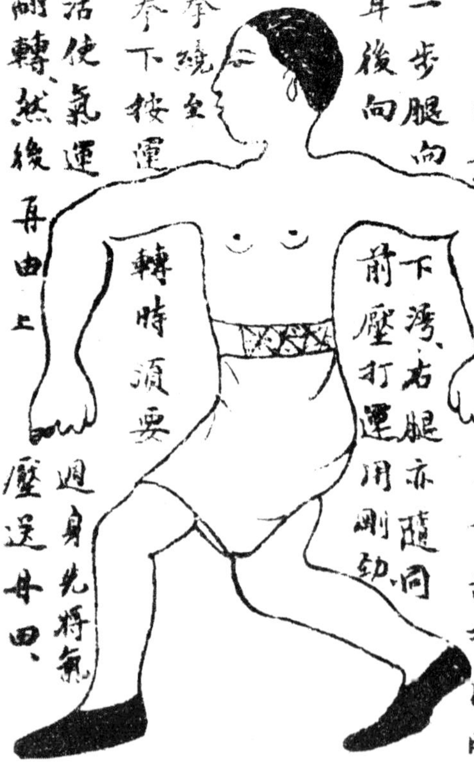

離卦第四圖

四式接三式之動作先將右肘上抬、右拳向後、翻打身軀亦隨同變轉將右肩轉至後方、左肩轉至前方、右拳收至右肋停住再將左肘上抬如右肘之轉動亦向後翻打將左拳收至左肋同時將身軀微向後仰右拳用力向上挺動、右足根抬起足尖点動、右腿亦向上挺運使丹田之氣由下上升貫入兩拳手背向外手心向內、右肘豎起即成此式

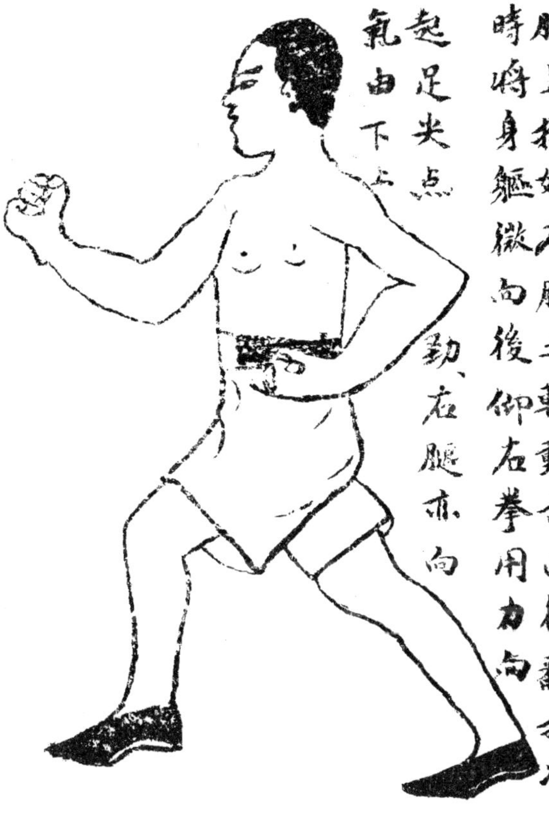

離卦第五圖

五式接四式之動作、先將右足落平、右腿向後彎屈左腿後卻同時兩肘向後抽、兩拳隨同由外向內開合、兩拳合至兩氣海邊、兩肘緊貼兩肋手心向下、虎口向內為陰拳使氣貫中膲隨時左足前進右足後跟兩拳亦隨同向前平推進攻、氣發兩拳此為柔中變剛、隨即仍將右腿向後彎屈身向後坐左腿後卻全身重点、仍落右腿上、氣由丹田歛入尾閭此又由剛轉柔矣、

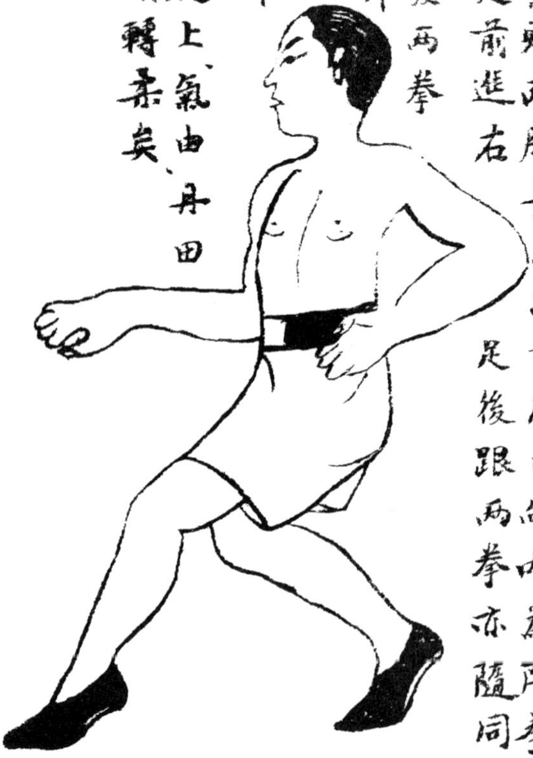

離卦第六圖

說明

六式接五式之動作、先將左肩向前運轉使左拳虎口對內由胸前向上高提由面門繞過用力向外翻打手心向上手背向下隨即向後運轉身軀變換、右肩亦隨同轉至前方右拳亦如左拳之轉動向外翻打同時將右腿抬起、前進一步右腿下灣、左腿亦隨同灣屈同時將左肩轉至前方右肩轉至後方、兩肘抬起兩拳下壓、左拳由左耳後、掏過向前栽打、兩虎口对內運用剛力、徐徐下壓將氣送入丹田、運轉時須使兩肩揉開遍体靈活光使（吳 見）氣由丹田向上翻轉、貫入中脘、然後再使氣由上壓下、送入丹

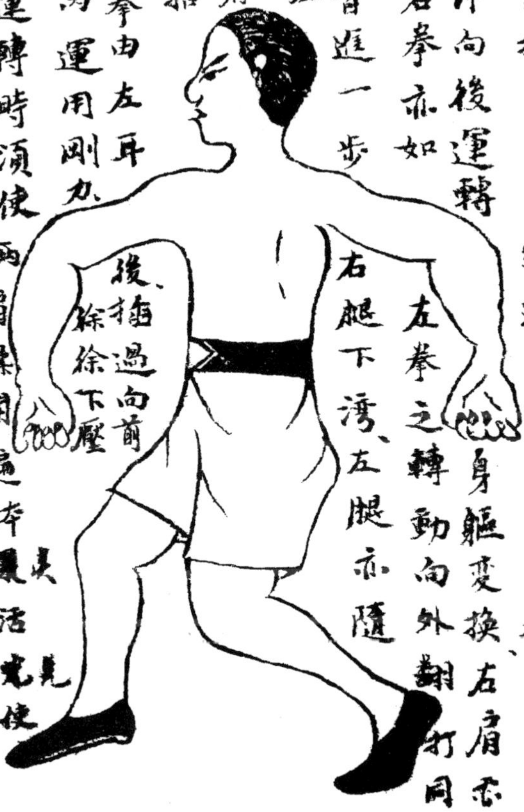

離卦第七圖

說明

七式接六式之動作、先將左肘上抬、左拳向後翻打、身軀亦隨同变轉、將左肩轉至後方、右肩轉至前方、左拳收至左肋停住、再將右拳上抬、如左拳之運轉亦向後翻打將右拳收至右肋、身軀微向後抑、左拳向上挺動、手心向內、手背向外、左肘豎起、用力上挺同時左足跟抬起、足尖点動、右腿亦用力上挺、運使丹田之氣由下上升、貫入中膲、轉至左拳即此式也、

離卦第八圖

說明

式接七式之動作先將左足落平、左腿後灣右腿後却、全身重点落在左腿同時兩肘向後抽、夾緊兩肋兩拳抽至兩肋再將兩拳由外向内開合、兩拳合至兩氣海邊手心向下虎口相對变為陰拳運氣貫入中膲隨將右足抬起、進前一步左足隨同跟進兩拳亦同時向前平推進攻使氣由中膲發出送入兩拳推至適宜處、隨即向後却身左腿後坐、右腿却回全身重点仍落左腿上、吸肚挺腰、使氣收回丹田、轉皈尾閭、

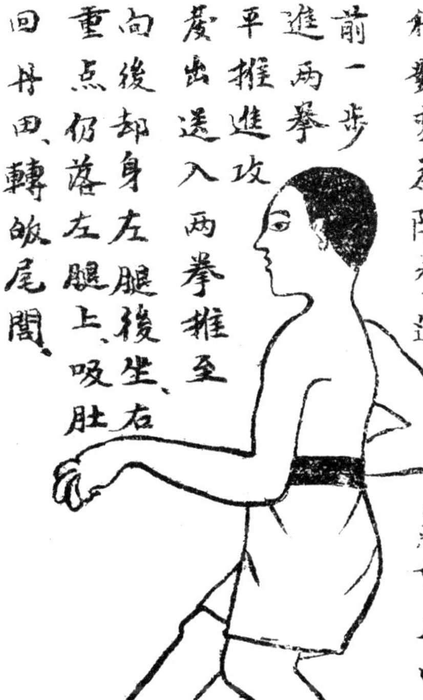

離卦第九圖

說明

此式與乾卦第九式同

離卦第十圖

說明

此式與乾卦第十式同

艮卦第一圖

艮為山

艮卦 ☶

艮屬一陽止二陰之上兩艮相重陰陽固結其氣厚重其拳主安陽定陰收戢浮氣久則身体堅實氣血強固縱有外侮之來絕不被其搖撼此艮山卦之專益而人不可不早練習者也式如下

此式 與乾卦第一式同

艮卦第二圖

說明

預備式接一式之動作先將左足向前一步右腿灣屈身形右轉左掌提至左胯右掌提至小腹兩掌豎起手指向上十指相並　如烏龍式兩肘貼緊兩肋眼順左肩前看氣存丹田以待發展

艮卦第三圖

說明

三式接二式之動作先將兩肩鬆開兩掌由懷前變轉手指下甩左掌由懷內翻轉手指向下虎口對內由胸前上提繞面門過頂隨向外翻如格物狀此時變為虎口向外小指對內同時右掌由右肋翻轉提至氣海虎口向外小指緊靠右氣上再將左掌用力向虎口相對使氣下降送入丹田外捋轉搭如扒物（此為纏手）如拉物狀同時將左腿抬起向前一步身形隨同變轉左手向後拉同時右手由右氣上提右肘抬起右手由右耳後翻轉向前內下按（此為拉手）右手在前下按左手向後抽拉兩足踏實兩腿下淺兩

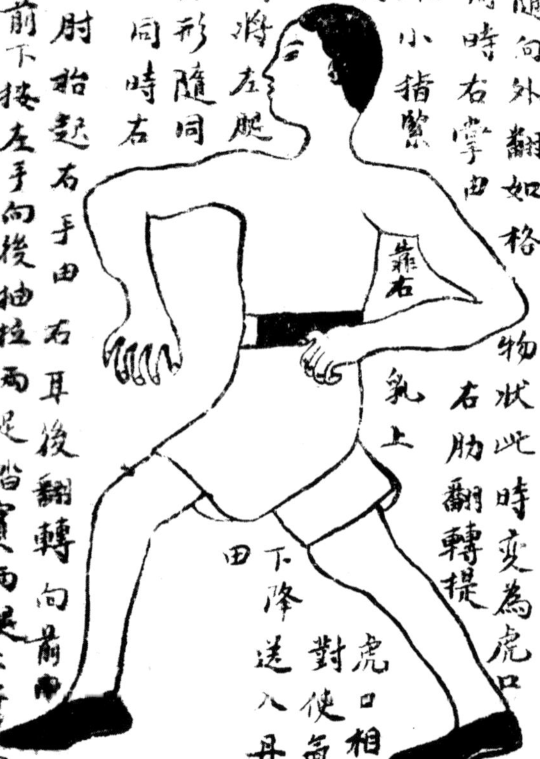

艮卦第四圖

說明

四式接三式之動作先將右掌由胸前向上提起虎口對內由胸前至面門過頂隨即向外翻轉手向上挑（如搭手狀）變為手心向上虎口向右然後再將右手腕由右向左翻轉變成手心向外虎口向下（如抓物狀）同時將右足向右擰身形亦隨同轉換左足抬起向後撤撤至右足隨即前進右足亦隨同跟進左肘抬起向左攻打右手後拉左肘攻打身軀右轉變成坐馬式右手拉至右額左掌收至左乳手心向外虎口向下仍使氣存丹田

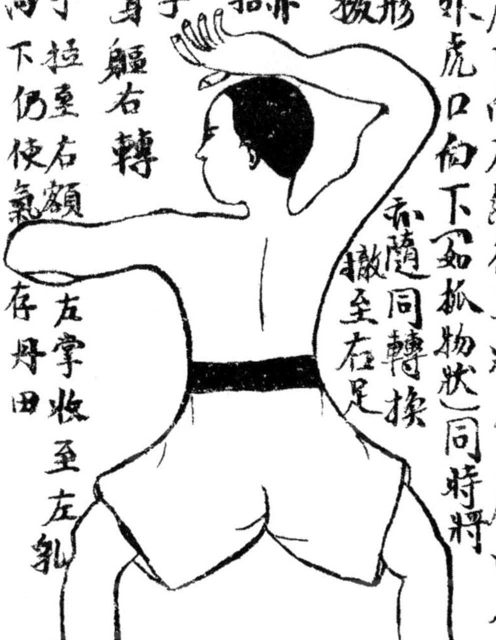

艮卦第五圖

五式摟回式之動作先將身形稍變轉右足稍擰左肩向前右手繞左肘向前翻打變為左手心向上手指向前之式然後再將身形向前變轉變為右肩在前左肩在後左手繞右肘右手由左肋下插出向前翻打變為右手心向上手指向前之式再將右腿向後灣屈左腿後卻隨將兩掌收回左手收至左肋下右[illegible]手收至右肋下兩掌豎起即成此式仍使氣由丹田斂入尾閭

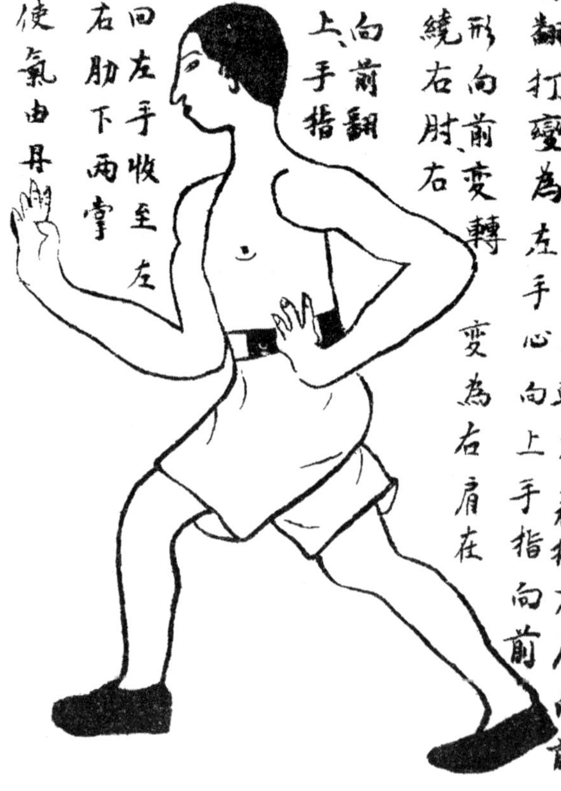

艮卦第六圖

說明

六式接五式之動作先將兩肩揉開身軀微向後仰右掌由胸前变轉手指向下虎口对内由胸前上提至面門過頂、隨即上揚、手指上挑手心对内如格物狀)再將右腿提起向前一步、右掌由内向外擰轉、(如提物狀並為纏手)用左向後掠左掌亦隨右掌之变轉由左耳後操過用力下壓、身軀亦隨同轉換、此時变為右腿在前左腿在後、身軀右轉兩足坐實兩腿微向下壓兩手心向下虎口对内氣送丹田眼神順左肩前看

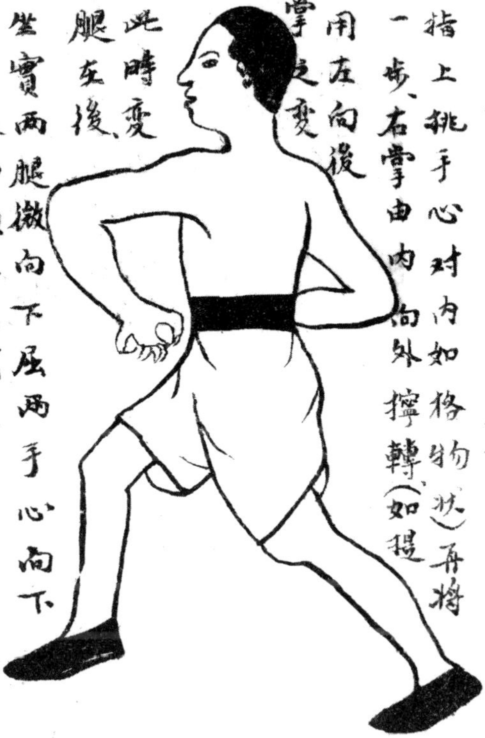

艮卦第七圖

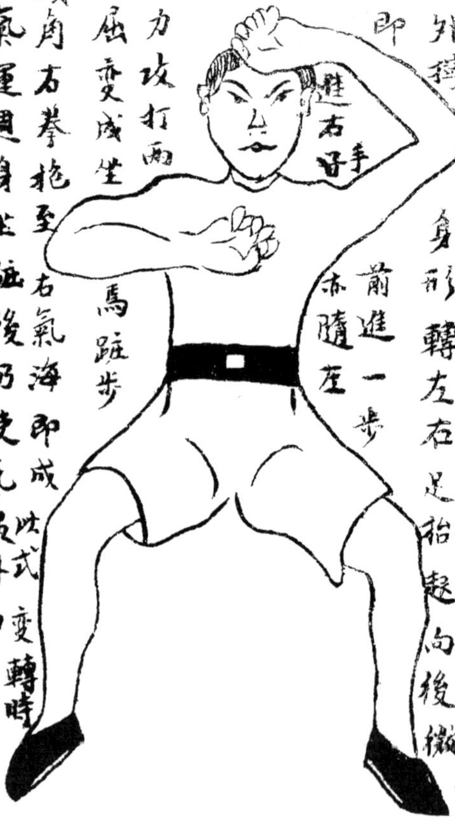

說明

七式接六式之動作先將左掌由胸前變轉由胸前上提過面门高舉上抬式如格物（取為搭手）即成手心向內手指上舉隨即由內向外擰轉此為纏手）式如抓物用力向後拉同時左足外擰身形轉左右足抬起向後撤撤至左足隨即前進一步左足亦隨同跟進右手亦隨左手之動轉右肘抬起右拳抱至右乳上端用肘力攻打兩足踏實兩腿下屈變成坐馬踵步左手拉至左額角右拳抱至右氣海即成此式變轉時須要身形柔活氣運週身坐踵後仍使氣歸丹田

艮卦第八圖

說明

八式接七式之動作先將身形稍向前轉左足步摔右肩向前左手盤右肘右手由左腋下指出向前翻打變為陽掌手心向上手指向前然後再將身形向右變轉變為左肩在前右肩在後右手盤左肘左手由右腋下指出向前翻打手心向上手指向前為陽掌（此為惠環掌）隨即將左腿後坐右腿卻回兩掌豎起即成此式仍使氣收丹田轉斂尾閭

艮卦第九圖

說明

此式與乾卦第九式同、

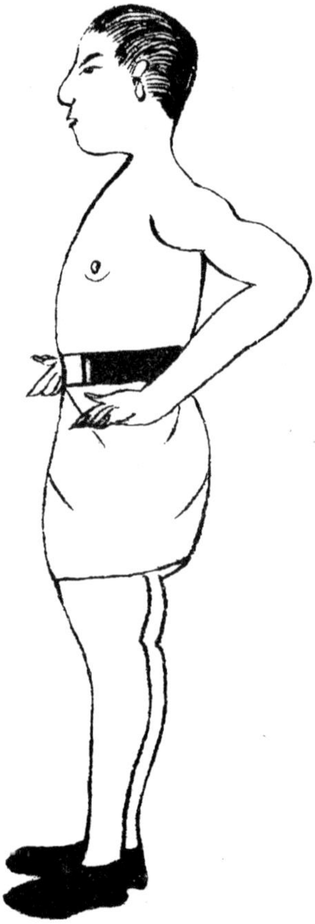

艮卦第十圖

說明

此式與乾卦第十式同

兌為澤

䷹兌屬一陰附二陽之上、兩兌相重、陰陽各得、其氣

抱其拳主調陰和陽、久則筋脈疏通、動靜皆利、諸

兌卦痛苦、無不盡從消滅、此兌澤卦之專益而人不可

早練習也、式如下、

兌卦第一圖

說明

此式與乾卦第一式同

兌卦第二圖

說明

二式接一式之動作、先將左足向前一步、右腿微屈、身形右轉、兩掌豎起、左掌提至左膀、右掌提至小腹、左足尖點地、全身重点落在右腿上、身微俯却、眼向前看、氣蓄丹田、以待發展、須要精神貫注、神氣外發、平心靜氣、以俟運轉、

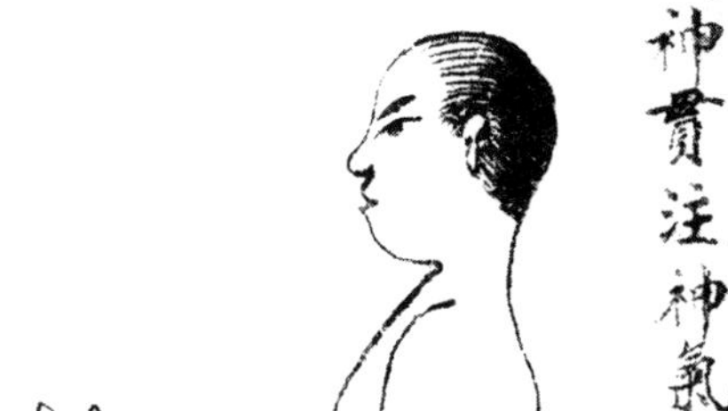

兌卦第三圖

說明

三式按二式之動作先將右手伸出由前面向懷內拘刈拘取來勢(此為拘手)隨將右手收回收至右肋手心向上手指後指虎口緊貼右肋停住隨同將左手伸出如同右手之轉動將左手收至左肋手心向上手指向後左虎口緊貼左肋停住再將左腿提起向前一步右手亦隨同伸出由下向上挑動五指並齊指向前指手心向左虎口向上左腿前弓右腿後崩眼向前看氣貫右指尖即為此式

兌卦第四圖

說明
四式接三式之動作先將右手由胸前從下往上翻轉使
氣格亦隨同右掌之轉動在腹內由下往上翻轉一過左
掌打出（變為陽掌）手心向上然後再將左掌由左肋抄出由胸前
向外翻打手心向上（變為陽掌）同時右手盤左肘撇至右肋下
掌）然後再將兩手
身形微向前探（此為連環）
亦同時悔
由右方向後猛甩
起向後撤至右足
前（此為內展）隨即左足前
進一步右足跟隨前進（此為趨步）
同時變掌為拳由右後方由下向上
翻轉
向左前攻打（此為黑虎拳亦名虎抱頭）右拳出至右
額角為止手心向外虎
口向下左拳出至左肩外手心向後虎口向左
左肘靠緊左肋身形右轉

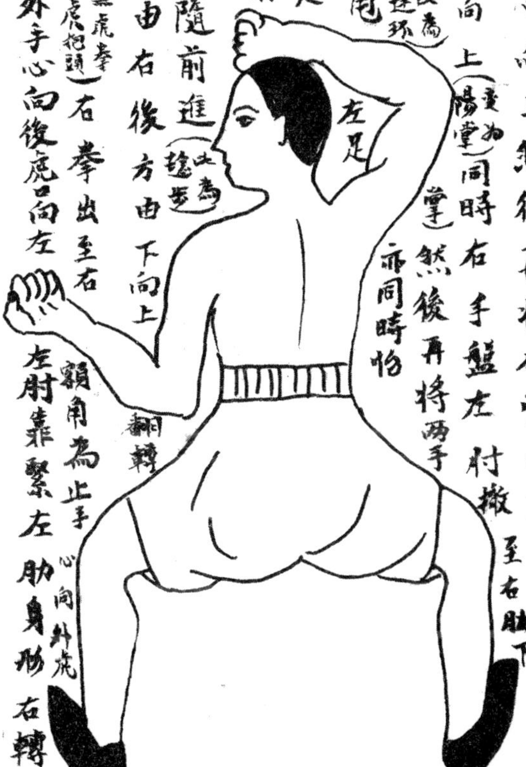

兑卦第五图

左腿在前右腿在後兩腿下屈成騎馬蹲步 眼順左肩前看
气贯中膲力发兩拳 即成此式（接兑卦前四图）

說明

五式接四式之動作先將兩拳由外向內拧转虎口相對身形转正右拳由腭下向外翻打兩肘夾緊兩肋右拳在前左拳在後手心向上（变为阴拳） 再将兩拳由外向內翻转（变为竖拳）用腕力向前挺劲（此为瀕拳）左腿在前弓右腿在後出肘身形微向前进力发兩拳隨 即将右腿向后湾屈左腿却回全身重点放在右腿上（此为却丙）气送丹田 歛尾閭即为上式

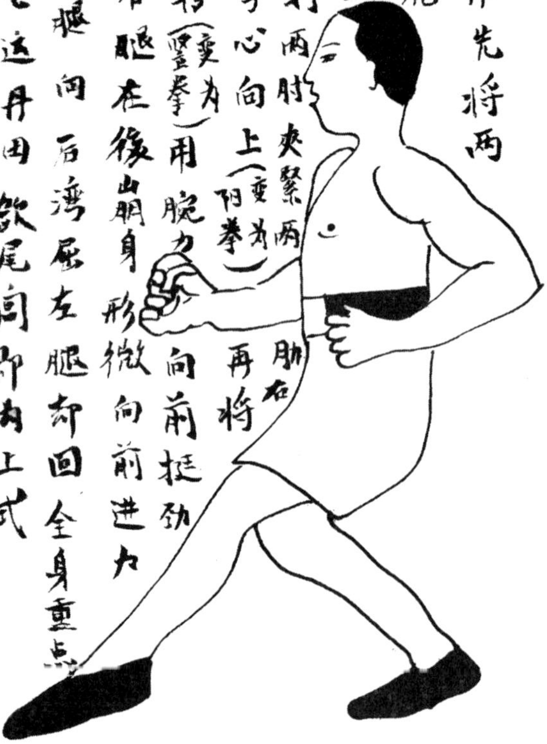

兑卦第六圖

說明

六式接五式之動作先将左手伸出由前面向懷內拘刈拘取來勢以為拘手)隨即收至左肋手心向上手指後指虎口緊貼左肋停止隨同将右手伸出如同左手之变轉将右手收至右肋停住再将右腿抬起向前一步左手亦隨同伸出由下往上挑劲五指並齐手指前指手心向右虎口向上右腿前弓左腿後崩之式眼向前看氣貫左指尖即為此式

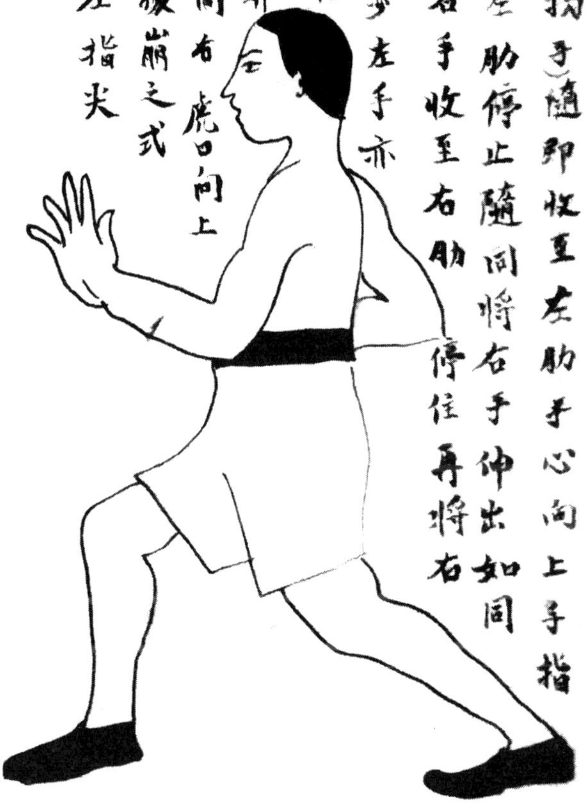

内功

前則按摩導引之既行之於外矣血脉俱已流暢肢体無不堅強再能調和气息運而使之降於気海升於泥丸則気和而神静水火既済之功方是全修真養其他玄門服気之術非有真傳口授反無益而有損今擇其無損有益之調息及黃河逆流二訣隨時隨地可行以助内功附錄於右

此篇分行外功者指出内功知所選擇其实已備十二段中無自於暇時不必拘定子午擇一忙刻之閒使心静神閒盤足坐定寬解衣帶平直其身兩手撞固閉目合口精專一念兩目内視叩齒三十六声以舌抵上腭待津生時鼓漱滿口汩汩嚥下以目内視直送至臍下一寸二分丹田之中。

再以心想目視丹田之中彷彿如有熱気輕輕如忍大便之狀將熱気運至閭尾下从尾閭升至腎关从夾脊双关升至天柱从玉枕升泥丸少停

即从舌抵上腭復从神庭降下鵲桥重楼降宮臍輪气穴丹田。

按古仙有言曰夾脊雙关透頂门修行径路此為尊以其上通天谷下达尾閭要訣得此為心腎来往之路水火既济之鄉欲通此竅先要存想山根則呼吸之气漸次由泥丸通夾脊透混元而直达於命门蓋謂常人呼吸皆从咽喉而下至中脘而回若至人呼吸由明堂而上至夾脊而流於命门此与前說稍異然嚥津為自己之气从中而出故存想从尾閭升至泥丸而古仙則吸天地之气由山根而泥丸直達命門也。

凡五臟受病之因辨病之候免病之訣分類摘錄俾於未病之先知所儆懼方病之際知所治療而脾胃為養生之本当於飲食有

加慎焉。

心臟 形如未開蓮蕊中有七孔三毛位居背脊第五椎各臟皆有係於心

屬火，旺於夏四五月，色主赤，苦味入心，外通竅於舌，出汁液為汗，在七情主憂樂，在身主血與脈，所藏者神，所惡者熱，面赤色者，心熱也，好食苦者，心不足也，怔忡善忘者，心虛也，心有病舌焦苦喉，不知五味，無故煩躁，口生瘡作臭，手心足心熱，

肝臟 形如鎌刀附於胃運動磨消胃內之水谷

形如懸匏有七葉，左三右四，位居背脊第九椎乃指中間脊骨第九節也

肝臟

屬木，旺於春正二月，色主青，酸味入肝，外通竅於目，出汁液為

淚、在七情主怒、在身主筋與爪、所統者血、所藏者魂、所惡風、肝有病、眼生蒙翳、兩眼角赤痒、流冷淚、眼下青、轉筋、昏睡、善恐、如人將捕之、面色青者肝盛也、好食酸者肝不足也、多怯者肝虛也、多怒者肝實也、

脾臟 形如鐮刀附於胃运动磨消胃内之水谷

屬土、旺於四季月、色主黃、甘味、入脾、外通竅於口、出汁液為涎、在七情主思慮、在身主肌肉、所藏者志、所惡者濕、面色黃者脾弱也、好食甜者脾不足也、脾有病口淡不思食多涎、肌肉消瘦、

肺臟 形如懸磬六葉兩耳共八葉上有气管通至
喉間位居極上附於背脊第三椎為五臟華蓋
屬金旺於秋七八月、色主白、辛味、入肺外通竅於鼻、出汁
液為涕、在七情主喜、在身主皮毛、所統者气、所藏者魄、所
惡者寒、面色淡白无血色者肺枯也、右頰赤者肺热也、气短
者肺虛也、背心畏寒者、肺有邪也、肺有病咳嗽、气逆鼻塞、不知香臭、
多流清涕、皮膚燥痒、

腎臟 形如刀豆有兩枚一左一右 中為命門乃男子藏精
女子繫胞处也位居下背脊第十四椎对脐附腰
屬水旺於冬十十一月、色主黑、鹹味、入腎外通竅於耳、出汁液為津唾、
在七情主恐、在身主骨与齿、所藏者精、所惡者燥、面色黑悴者
腎彊也、齿动而痛者腎炎也、耳閉耳鳴者腎虛也、目睛內瞳子
昏者腎虧也、陽事痿而不舉者腎弱也、腎有病腰中痛膝
冷脚痛或痺蹲起發昏体重骨酸脐下动风牵痛腰低屈难伸